KURZFILM

German Short Films and Activities Manual

DVD included!

KURZFILM

German Short Films and Activities Manual

Volume 1

Contributors

MOHAMED ESA
McDaniel College

INGRID ZELLER
Northwestern University

Researcher:
DAVID ARNOLD
McDaniel College

HEINLE
CENGAGE Learning·

Australia • Brazil • Japan • Korea • Mexico • Singapore • Spain • United Kingdom • United States

HEINLE
CENGAGE Learning

Kurzfilm: German Short Films and Activities Manual (DVD included) Volume 1

VP, Editorial Director: PJ Boardman

Publisher: Beth Kramer

Executive Editor: Lara Semones

Acquiring Sponsoring Editor: Judith Bach

Assistant Editor: Timothy Deer

Senior Media Editor: Morgen Murphy

Associate Media Editor: Katie Latour

Marketing Program Manager: Caitlin Green

Marketing Communications Manager: Glenn McGibbon

Manufacturing Planner: Betsy Donaghey

Rights Acquisitions Specialist, Media: Mandy Groszko

Cover Image: ©istockphoto.com/ KLH49

Design Direction, Production Management, and Composition: PreMediaGlobal

For product information and technology assistance, contact us at **Cengage Learning Customer & Sales Support, 1-800-354-9706**

For permission to use material from this text or product, submit all requests online at **cengage.com/permissions**
Further permissions questions can be emailed to **permissionrequest@cengage.com**

ISBN-13: 978-1-111-83397-8
ISBN-10: 1-111-83397-4

Heinle
20 Channel Center Street
Boston, MA 02210
USA

Cengage Learning is a leading provider of customized learning solutions with office locations around the globe, including Singapore, the United Kingdom, Australia, Mexico, Brazil and Japan. Locate your local office at **international.cengage.com/region**

Cengage Learning products are represented in Canada by Nelson Education, Ltd.

For your course and learning solutions, visit **www.cengage.com**.

Purchase any of our products at your local college store or at our preferred online store **www.cengagebrain.com**.

Instructors: Please visit login.cengage.com and log in to access instructor-specific resources.

Printed in the United States of America
2 3 4 5 6 7 8 25 24 23 22 21

Inhalt

8 min

von Konradin Kunze (2008)

8 MIN
von Konradin
Kunze (2008)

Einstimmung auf das Thema

1. **Verkehrsmittel – Assoziogramm** Schreiben Sie auf, welche Wörter und Ausdrücke Sie mit dem Begriff „Verkehrsmittel" assoziieren.

Verkehrsmittel

2. **Kulturvergleich** Welche Verkehrsmittel benutzt man in den deutschsprachigen Ländern (Deutschland/Österreich/Schweiz [DACH]) öfter als in den USA. Ergänzen Sie die Tabelle. Warum ist das so?

Verkehrsmittel	DACH	USA	Wie oft?

3. Kettenreaktion Was würden Sie tun, wenn Sie acht Minuten lang ganz alleine in einer U-Bahn in Berlin wären? Beantworten Sie diese Frage und fragen Sie dann die Studentin / den Studenten neben Ihnen.

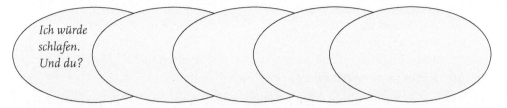

Ich würde schlafen. Und du?

4. Was wenn? Rollenspiel Sie treffen eine gehörlose Person in der U-Bahn. Wie würden Sie sich mit ihm/ihr unterhalten? Spielen Sie die Szene mit einem/einer Partner/in.

Vor dem Ansehen

Vokabeln und Ausdrücke

die Endhaltestelle, -n	*final stop*
einschlafen, schlief ... ein, ist eingeschlafen	*to fall asleep*
laut – lauter – am lautesten	*loud*
weiterfahren zum Meer	*to drive on to the sea*
geradeaus	*straight on*

1. Bilder ordnen – Hypothesen aufstellen Sehen Sie sich folgende Bilder an und ordnen Sie sie in eine bestimmte Reihenfolge, so dass sie eine Geschichte ergeben. Erzählen Sie dann die Geschichte.

a.

c.

b.

d.

Reihenfolge: _____ _____ _____ _____

Während des Ansehens

1. **Film ohne Ton sehen – Teil 1 (00:00–08:00)** Sehen Sie sich den ersten Teil des Films an und erzählen Sie, was hier passiert. Folgende Fragen werde Ihnen helfen, Ihre Gedanken zu formulieren:
   a. Wer kommt vor? (Personen)
   b. Wann ist das? (Zeit)
   c. Wo ist das? (Ort)
   d. Was ist passiert? (Handlung)
   e. Was ist das Problem?
   f. Wie geht der Film weiter? Was meinen Sie?

2. **Film ohne Ton ansehen – Teil 2 (08:00–Ende)** Sehen Sie sich den zweiten Teil des Films an. Lesen Sie dann die folgenden Aussagen und entscheiden Sie, ob sie richtig oder falsch sind. Korrigieren Sie die falschen Aussagen.

Aussage	Richtig	Falsch	Korrektur
a) Der Mann küsst die Frau.			
b) Die Frau ist Polizistin.			
c) Die Frau ist Bahnschaffnerin.			
d) Die Frau spricht am Telefon.			
e) Der Mann sitzt in der Bahn und fährt mit.			
f) Die U5 fährt nach Hönow.			

3. **Film mit Ton ansehen** Sehen Sie sich den ganzen Film mit Ton an und beantworten Sie folgende Fragen:
   a. Wohin fährt die U-Bahn?
   b. Wer sitzt in der U-Bahn?
   c. Was denkt die Schaffnerin, als sie den Mann sieht?
   d. Welche Sprache spricht der Mann?
   e. Kann die Schaffnerin diese Sprache sprechen?
   f. Wie verständigen sie sich?
   g. Wann wird die U-Bahn wieder abfahren?
   h. Was ist zwischen der Frau und dem Mann passiert?
   i. Was macht der Mann?
   j. Was sagt die Frau am Ende des Films?
   k. Warum macht sie das? Was sagt das uns über ihr Privatleben?

Nach dem Ansehen

1. **Reflexion**
   a. Was meinen Sie, wie geht die Geschichte weiter? Werden sich die Zwei wiedersehen? Wo? Wann?
   b. Erfinden Sie ein neues Ende für den Film.
   c. Warum heißt der Film „8 Min."?
   d. Wie finden Sie den Film?
   e. Was ist die Botschaft (*message*) des Films?
   f. Was würden Sie tun, wenn Sie einer gehörlosen Person begegnen?

2. **Kulturvergleich** Surfen Sie im Internet und finden Sie Bilder von dem deutschen Fingeralphabet und dem ASL (*American Sign Language*) Alphabet. Vergleichen Sie die deutsche Gebärdensprache mit der *American Sign Language* und finden Sie Ähnlichkeiten und Unterschiede.

Dufte

von Ingo Rasper (2001)

DUFTE von
Ingo Rasper
(2001)

Marcela Barsse/iStockphoto.com

Level: Intermediate

Goals: Discussion of the history of East-Germany, the Cold War and the Iron Curtain; smuggling of luxury goods during the years after the Second World War; traveling by train and conversing with passengers and train conductor; use of verbs with prepositions and reflexive verbs.

Einstimmung auf das Thema

1. **Informationsfragen**

   a. Welche Verkehrsmittel benutzen Sie? Wie oft? (immer, oft, selten, nie)

   b. Wie oft fahren Sie mit dem Zug? Wohin? Wann?

   c. Sprechen Sie mit anderen Passagieren im Zug? Worüber sprechen Sie? Was sind typische Themen?

   d. Was bringen Sie normalerweise mit, wenn Sie auf Reisen oder im Ausland waren? Für wen? Hier sind einige Ideen:

Souvenirs	CDs
Postkarten	Kaffee
Schmuck	Bücher
T-Shirts	einen Volkswagen
eine Kuckucksuhr	Kalender

   e. Was darf man als Tourist in die USA einführen (importieren)? Was darf man nicht einführen?

   f. Welche Assoziationen haben Sie mit schmuggeln? Was wird geschmuggelt? Wann? Wo? Warum?

All video stills taken from Ingo Rasper

2. Bildbeschreibungen

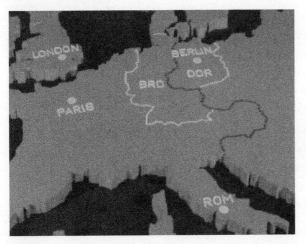

Bild a.

1. Welche Städte sehen Sie hier?
   Wo sind sie?
2. Wofür stehen die zwei Abkürzungen BRD und DDR?
3. Was bedeutet die schwarze Linie?
4. Was wissen Sie über diese Staaten?

Bild b.

1. Was ist der Mann von Beruf?
2. Was hält er in der Hand?
3. Was macht er gerade?
4. Wo kann das sein?

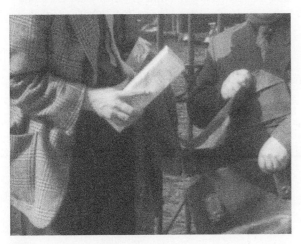

Bild c.

1. Was machen die Personen hier?
2. Wie sind sie gekleidet?
3. Welche Produkte sehen Sie?
4. Wo könnte das sein?

Bild d.

1. Was zeigt dieses Photo?
2. In welcher Stadt ist das?
3. Warum könnte das Schild wichtig sein?
4. Aus welcher Zeit stammt das Bild?

3. Zuordnung

Sehen Sie sich die Bilder oben an und ordnen Sie den Bildern die folgenden Zitate zu.

1. Halt! Grenzkontrolle!   Bild _____
2. Deutschland hofft auf Frieden und Wiedervereinigung.   Bild _____
3. So hieß für viele Ostdeutsche das Zauberwort „Berlin".   Bild _____
4. Die DDR versuchte, den wachsenden Schwarzhandel zu kontrollieren.   Bild _____

4. **Geschichte** Wann ist was passiert? Verbinden Sie die folgenden Ereignisse mit dem richtigen Datum.

1945	a) Die Berliner Mauer wird nach einer friedlichen Revolution geöffnet.
1949	b) Deutschland wird geteilt: die BRD (Bundesrepublik Deutschland) und die DDR (Deutsche Demokratische Republik) werden gegründet.
1952	c) Der Zweite Weltkrieg endet. Deutschland kapituliert und wird in vier Zonen geteilt.
1953	d) Der erste große Volksaufstand findet am 17. Juni in der DDR statt.
1961	e) Deutschland ist wieder vereint.
1989	f) Die Mauer wird zwischen Ost- und Westdeutschland gebaut.
1990	g) Immer mehr Menschen versuchen, westliche Produkte durch den Schwarzhandel zu erwerben (kaufen und verkaufen).

5. **Wichtige Konzepte** Welche Beschreibung passt zu welchem Konzept? Ergänzen Sie die Sätze.

der Kalte Krieg	der Eiserne Vorhang
die Trapo (Transportpolizei)	die Stasi (Staatssicherheitsdienst)

1. Die ideologische und politische Grenze zwischen den kommunistischen Staaten Osteuropas und den demokratischen Staaten Westeuropas zwischen 1949 und 1989 nannte man _____.
2. Den Konflikt zwischen den westlichen Staaten unter Führung der USA und dem Ostblock und der Führung der Sowjetunion von 1945–1989 nannte man _____.
3. Die Polizei, die in der DDR Fahrzeuge nach geschmuggelten Waren durchsuchte, nannte man die _____.
4. Das Ministerium, das in der DDR die Bürger überwachte (observierte), nannte man _____.

Vor dem Ansehen – Teil 1

Vokabeln und Ausdrücke Teil 1 (00.25–01:34)

	Deutsch	Englisch
sich ab•zeichnen		*to become apparent; to take shape*
begehrt	populär	
bewacht		*guarded*
der Eiserne Vorhang		*the Iron Curtain*
das Genussmittel, –		*luxury goods*
der Güterverkehr		*commercial transport*
einer Sache Herr werden		*to gain control over something*
die Konsuminsel, -n		*consumer's paradise*
der Schwarzhandel, –	illegales Kaufen und Verkaufen von Produkten	
pokern (um + *Akkusativ*)	für einen Gewinn spielen	
der Straßenübergang, ¨e		here: *border crossing*
die Ware, -n	käufliches Produkt	
der Trapo	*kurz für* Transportpolizist/ Transportpolizei	*East German railway police*

1. **Was passt nicht?** Kreisen Sie das Wort in jeder Reihe ein, das nicht zu den anderen drei passt und erklären Sie, warum es nicht passt.

Warum?

1. begehrt   bewacht   populär   beliebt   _____
2. Genussmittel   Straßenübergang   Ware   Konsuminsel   _____
3. Trapo   Schwarzhandel   Güterverkehr   Pazifischer Ozean   _____
4. pokern   schenken   spielen   handeln   _____

Nach dem Ansehen – Teil 1

1. **Erstes Ansehen ohne Ton – Teil 1 (00:25–01:34)** Sehen Sie sich den ersten Teil des Films ohne Ton an und beantworten Sie die folgenden Fragen:
    1. Was ist das Thema in diesem Teil des Films?
        a. Geschichte   b. Liebe   c. die Berliner Mauer   d. Krieg
    2. Welche Stadt haben Sie NICHT auf der Landkarte gesehen?
        a. London   b. Moskau   c. Paris   d. Rom
    3. Welchen Zeitabschnitt (*period*) zeigt dieser Film?
        a. 1914   b. 1933   c. 1952   d. 1990
    4. Was kaufen und verkaufen die Leute im Film?
        a. Kaugummi   b. Zigaretten   c. Blumen   d. Schokolade
    5. In welcher Stadt befinden sich die Leute?
        a. Berlin   b. Leipzig   c. München   d. Heidelberg

2. **Ansehen mit Ton – Teil 1 (00:25–01:34)** Sehen Sie sich den ersten Teil noch einmal mit Ton an und füllen Sie die neuen Vokabeln aus der Vokabelliste 1 ein:

1952. Die Alliierten _____ um die deutschen Gebiete. Das Absurdeste, was Europa passieren konnte, _____ sich langsam _____: _____. Und Deutschland hofft auf Frieden und Wiedervereinigung. Die Mauer gab es noch nicht, doch der _____ westlicher _____ in die DDR war bereits auf ein Minimum begrenzt. Halt! Grenzkontrolle! Alle _____ sind _____. So hieß für viele Ostdeutsche das Zauberwort „Berlin". Durch die Präsenz von Amerikanern Briten, Franzosen, und Sowjets wurden die Westsektoren zu einer _____ mitten im Osten. Um dem wachsenden _____ _____ zu werden, setzte die DDR _____ ein – Transportpolizei, die alle Züge, die Berlin verließen, nach _____ Waren durchsuchten. Besonders begehrt waren _____ wie Zigaretten, Alkohol, und Kaffee.

9

Vokabeln und nützliche Ausdrücke Teil 2 (1:35–Ende)

	Deutsch	Englisch
auf·passen (auf + *Akkusativ*)		*to watch out for someone or something*
der Ausweis, -e		*ID card*
Dufte!	Prima! Klasse!	
duften	gut riechen; einen guten Geruch haben	
für sich behalten (*Akkusativ*)		*to keep to oneself*
bucklig: die bucklige Verwandtschaft	die ungeliebte Verwandtschaft	*with a hump; the hunchbacked relatives (here: obnoxious)*
sich etwas ein·bilden (*Dativ*)		*to imagine something*
erwischen		*to catch*
das Funkgerät, -e		*two-way radio set*
Er hat die Nase voll.		Idiom: *He is fed up.*
riechen (nach + *Dativ*)		*to smell like*
die Stasi (Staatssicherheit)	Ministerium für Staats-sicherheit in der DDR (Ostdeutschland)	*state security service in the GDR (East Germany)*
jemanden verraten		*to betray someone*
verschonen		*to spare*
die Waffe, -n		*weapon*

1. **Verben mit Präpositionen** Die Nachkriegszeit. Was ist logisch? Setzen Sie die passenden Verben mit Präpositionen ein.

   auf·passen auf   pokern um   riechen nach
   hoffen auf

   1. Nach dem Zweiten Weltkrieg ＿＿＿＿＿＿＿ die Alliierten ＿＿＿＿＿＿＿ die deutschen Gebiete.
   2. Viele Deutsche in der DDR und der BRD ＿＿＿＿＿＿＿ ＿＿＿＿＿ Frieden und Wiedervereinigung.
   3. „Ich habe Kaffee mitgebracht. Jetzt ＿＿＿＿＿＿＿ meine Finger ＿＿＿＿＿＿＿ Kaffee!" – Die ganze Bude ＿＿＿＿＿ ＿＿＿＿＿ Kaffee!
   4. „Jürgen, ＿＿＿＿＿ ＿＿＿＿＿ den Trapo ＿＿＿＿＿! Er kontrolliert alles!"

2. **Reflexivverben** Auf der Reise. Was ist logisch? Beenden Sie die Sätze mit den angegebenen Verben und setzen Sie auch die Reflexivpronomen ein.

für sich behalten   sich ab·zeichnen   sich etwas ein·bilden

a. Eine Mitreisende erzählt Ihnen ein Geheimnis. Was machen Sie mit der Information? Ich _____.

b. Die Berliner Mauer steht 1952 noch nicht, aber man kontrolliert die Grenzübergänge. Der Eiserne Vorhang _____.

c. „Ich rieche Kaffee!" – „Nein, Karl, das ist unmöglich. Hier hat niemand Kaffee dabei. Das _____."

d. Es regnet, aber die Sonne scheint. Ein Regenbogen _____.

e. Die Geburtstagsfeier soll eine Überraschung sein. Die Gäste sollen die Pläne

_____.

f. „Du, ich glaube jemand verfolgt uns." – „Ach was, das kann nicht sein. Du

_____.

3. **Bilder – eine Geschichte erzählen** Sehen Sie sich folgende Bilder an und ordnen Sie sie in eine bestimmte Reihenfolge, so dass sie eine Geschichte ergeben. Erzählen Sie dann die Geschichte.

Bild a.

Bild b.

Bild c.

Bild d.

Bild e.

Bild f.

Nach dem Ansehen – Teil 2

1. **Richtig oder falsch? (1:35–5:43)** Sehen Sie sich den zweiten Teil des Films an. Kreuzen Sie dann an, ob die folgenden Aussagen richtig oder falsch sind und korrigieren Sie die falschen Aussagen.

Aussage	Richtig	Falsch	Korrektur
a) Die alte Dame fährt mit dem Zug von Berlin nach Leipzig.			
b) Das Abteil ist in der zweiten Klasse.			
c) Die Dame wohnt seit 30 Jahren in Leipzig.			
d) Ihre Schwester hat morgen Geburtstag.			
e) Ihr Mann wünscht sich Zigaretten zum Geburtstag.			
f) Die Dame hat Enkelkinder in Berlin.			
g) Die zwei jungen Männer schmuggeln Kaffee.			
h) Der Mann im Anzug hilft der Frau, den Kaffee zu verstecken.			
i) Das ganze Abteil riecht nach Tee.			
j) Der Schaffner hat Schnupfen.			

2. **Hypothesen erstellen** Raten Sie in Gruppen, wie es weitergeht.

Teil 3

1. **Film Teil 3 (5:44–7:31)** Sehen Sie sich jetzt den dritten Teil des Films an und beantworten Sie die folgenden Fragen:
   a. Wen erwischt der Schaffner beim Schmuggeln?
   b. Wer verrät die Frau?
   c. Glauben Sie, dass der ältere Herr im Anzug für die Stasi arbeitet? Warum?

Teil 4

1. **Film Teil 4 (7:32–bis zum Ende)** Sehen Sie sich den Film bis zum Ende an und beantworten Sie die Fragen:
   a. Wie finden Sie das Ende?
   b. War es unerwartet? Erklären Sie!
   c. Was sehen Sie im Nachspann (*credits*)? Was machen die Personen? Was fällt Ihnen auf?

2. **Reflexion**
   a. Warum heißt der Film „*Dufte*?" Was ist „dufte" in dem Film?
   b. Fanden Sie den Film lustig? Warum?

3. Rollenspiel

Idee 1: Im Zug

Sie sitzen in einem Abteil im Zug mit drei anderen Passagieren. Spielen Sie die Szene. Wer sind die anderen Passagiere? Woher kommen sie? Wohin fahren sie? Worüber sprechen Sie?

Idee 2: Schmuggeln

Sie leben in einer Diktatur. Sie waren gerade im Urlaub im Ausland. Sie wollen bestimmte Waren mitbringen, die sie zu Hause nicht haben. Überlegen Sie sich, was Sie schmuggeln möchten – wo verstecken Sie es? Was würden Sie sagen, wenn Sie erwischt werden?

Das Puzzle (2010)

von Philipp Rust

Marcela Barsse/iStockphoto.com

DAS PUZZLE
(2010)
von Philipp Rust

Einstimmung auf das Thema

Level: Intermediate Mid /
Intermediate High

Goals: Talking about hobbies and
leisure time activities, narrating
events, describing pictures, giving
advice, and learning about Hamburg
as a trade and harbor city.

1. **Hintergrundwissen** Beantworten Sie die Fragen und füllen Sie die Tabelle aus.
    a. Was machen Sie in Ihrer Freizeit?
    b. Was für Hobbys haben Ihre Eltern?
    c. Wie finden Sie folgende Hobbys und Freizeitaktivitäten? Interessant oder
    langweilig?

Hobby	interessant	langweilig
Musik hören	_____	_____
tanzen	_____	_____
Briefmarken sammeln	_____	_____
Gitarre spielen	_____	_____
puzzeln	_____	_____
mit Freunden plaudern	_____	_____
schlafen	_____	_____
fernsehen	_____	_____
Videospiele spielen	_____	_____
chatten	_____	_____
Kaffee trinken und Kuchen essen	_____	_____
Mini-Golf spielen	_____	_____

Vor dem Sehen

Vokabeln und Ausdrücke

	Deutsch	Englisch
bescheuert	verrückt	
das Forum, die Foren		*chat room*
sich freuen		*to be happy*
sich auf etwas/jemanden freuen		*to look forward to something/someone*
Gesellschaft brauchen		*in need of company*
der Groschen, –	10 Pfennig Stück	*old German dime*
die Kaffeerösterei, -en		*coffee roastery*
die Kehrwieder-Mischung	Kaffeemischung aus Hamburg	
die Kehrwieder-Insel	Ort im Hamburger Hafen, wo Frauen Seemännern „Auf Wiedersehen" sagten und hofften, dass sie zurückkommen.	
Lassen Sie das bleiben!		*Stop that!*
Darf ich Ihnen den Mantel abnehmen?		*May I take your coat?*
Jetzt passen Sie mal auf!		*Listen!*
plaudern	sich unterhalten	
probieren	versuchen	*to try*
puzzeln		*to do a jigsaw*
jemandem einen Schrecken einjagen		*to give someone a scare*
die Speicherstadt, ̈e		*warehouse district in Hamburg*
einem Gast ein Stück Kuchen anbieten		*to offer a piece of cake to a guest*
etwas schnell über die Bühne bringen	etwas schnell erledigen (machen)	
verticken	verkaufen	
Können Sie 20 Euro wechseln?		*Do you have change for 20 Euros?*
der Weihnachtsbaum, ̈e		*Christmas tree*
zuhauen	jemanden schlagen	
jemandem zum Abschied zuwinken		*to wave good bye*

1. **Bildbeschreibung** Schauen Sie sich das folgende Bild an und beschreiben Sie die Personen.

	die Frau	der Mann
Name:		
Alter:		
Beruf:		
Aussehen:		
Wo ist sie/er?		
Was macht sie/er?		

2. **Bilder ordnen – Hypothesen aufstellen** Sehen Sie sich folgende Bilder an und ordnen Sie sie in eine bestimmte Reihenfolge, so dass sie eine Geschichte ergeben. Erzählen Sie dann die Geschichte.

a.

d.

b.

e.

c.

f.

Reihenfolge: _____ _____ _____ _____ _____ _____

Nach dem Sehen

1. **Richtig oder falsch?** Sehen Sie sich zuerst den ganzen Film an. Lesen Sie dann die folgenden Aussagen und entscheiden Sie, ob sie richtig oder falsch sind. Korrigieren Sie die falschen Aussagen.

Aussage	Richtig	Falsch	Korrektur
a. Die Frau heißt Weiss.			
b. Sie ist Detektivin von Beruf.			
c. Der Mann wohnt in einem Hochhaus.			
d. Die Frau trinkt ihren Kaffee mit Milch und Zucker.			
e. Die Frau bezahlt mit einem €50-Schein.			
f. Die Frau puzzelt gern.			
g. Der Mann hat viel Kleingeld.			
h. Das Puzzle ist ein Bild von Harry Potter.			
i. Die Frau schlägt den Mann.			
j. Der Mann schreibt eine E-Mail am Ende.			

2. **Teil 1 (1:39–2:39): Lückentext** Schauen Sie sich den ersten Teil des Films an und füllen Sie danach den Lückentext aus.

HERR KRATZ: Da haben Sie aber ein _____, dass ich gerade diesen _____ hier gekocht habe. Dieser hier stammt nämlich aus der Speicherstadt-Kaffeerösterei. Das ist die *Kehrwieder*-Mischung. Die _____ Seefahrerfrauen – _____ und _____, nehme ich an – winkten ihren _____ von der Kehrwieder-Insel aus zum Abschied zu.

FRAU SCHWARZ: Ich weiß. Ich _____ Hamburg.

HERR KRATZ: Ehrlich? Das ist ja schön. Also, dann _____ Sie mal.

FRAU SCHWARZ: Das _____?

HERR KRATZ: _____!

3. **Teil 2 (5–6:30): Fragen** Sehen Sie sich den zweiten Teil des Films an und beantworten Sie die Fragen.
   a. Was macht Herr Kratz?
   b. Warum macht er das?
   c. Wie finden Sie das?
   d. Was sagt Frau Schwarz zu Herrn Kratz am Ende? Was soll er machen, damit er nicht einsam ist?
   e. Wie finden Sie die Idee von Frau Schwarz?

4. Teil 3 (6:30–Ende): Klassengespräch Sehen Sie sich das Ende des Films an und beantworten Sie die Fragen.

   a. Was macht Herr Kratz?

   b. Mit wem telefoniert er?

   c. Was schreibt er in den Kalender?

   d. Wann findet das statt?

5. Informationsfragen

   a. Was trinken Frau Schwarz und Herr Kratz?

   b. Woher stammt der Kaffee?

   c. Was bedeutet das Wort *Kehrwieder*?

   d. Wo ist die Speicherstadt?

   e. Wo liegt Hamburg? Was für eine Stadt ist das?

6. Reflexion

   a. Warum verkauft Herr Kratz Sachen über Ebay?

   b. Herr Kratz und Frau Schwarz trinken eine *Kehrwieder*-Kaffeemischung. Was bedeutet der Ausdruck „kehr wieder" und wann sagen wir das? Warum benutzt Herr Kratz diese Mischung?

   c. Wie finden Sie die Idee von Herrn Kratz? (lustig, bescheuert, naiv, komisch, toll, einfallsreich, originell, altmodisch, effektiv, verzweifelt, psychotisch, …)

   d. Was würden Sie Herrn Kratz gegen Einsamkeit empfehlen?

   e. Was würden Sie tun, wenn Sie in der Situation der Frau wären?

   f. Was würden Sie tun, wenn Sie einsam wären?

Familienrevier (2001)

von Carsten Strauch

FAMILIENREVIER
(2001)
von Carsten
Strauch

Level: Intermediate High /
Advanced

Goals: Communicating about
different aspects regarding the
police force in the community;
using combination words

Einstimmung auf das Thema

1. **Hintergrundwissen** Beantworten Sie die Fragen.
   a. Was machen Sie gern mit Ihrer Familie?
   b. Gibt es eine besonders interessante Person in Ihrer Familie? Was ist er oder sie von Beruf? Würden Sie diesen Beruf auch gern ausüben? Warum (nicht)?
   c. Würden Sie gern für die Polizei oder als Detektiv arbeiten? Warum (nicht)?
   d. Sehen Sie gern Krimiserien? Warum (nicht)? Welche?
   e. Welche Objekte assoziieren Sie mit der Polizei?
   f. Welche Wörter sehen Sie in dem Ausdruck „Familienrevier"? Was könnten sie bedeuten?

Vor dem Ansehen

Vokabeln und Ausdrücke (1:25–Ende)

	Deutsch	Englisch
jemanden auf etwas ansprechen		*to bring up a specific topic with someone*
das Betriebsklima	die Arbeitsatmosphäre	
der Dienst, -e; im Dienst	die Arbeit; während der Arbeitszeit	
das Erfrischungstuch, ¨er	ein parfümiertes Papiertuch, mit dem man sich im Restaurant die Hände waschen kann	
an einer heißen Sache dran sein		*to follow a hot lead*
auf der anderen Leitung sein		*to be on the other line (telephone)*
sich über jemanden lustig machen		*to make fun of someone*
patzig	frech, unverschämt	
Das ist mir peinlich!		*This is embarrassing for me.*
das Revier, -e	ein Bezirk oder Gebiet	
das Schnellimbissrestaurant, -s		*fast food restaurant*
das Sommerangebot, -e		*special summer discount*
etwas überstürzen	etwas zu schnell machen	
umtauschen	ein Objekt abgeben und ein anderes dafür bekommen	
das Verbrechen, —	eine kriminelle Tat	
Das ist doch kein Zustand.	Das ist keine akzeptable Situation.	

1. **Wörter bilden** Sehen Sie sich den folgenden Wortsalat an und versuchen Sie, möglichst viele Wörter sinnvoll zu kombinieren. Wie viele können Sie finden? Welche Themen sind repräsentiert?

   Beispiel: Sommer, Angebot → *Sommerangebot* → **Themen:** *Einkaufen; Essen*

2. **Bildinterpretation** Sehen Sie sich das Bild an und entscheiden Sie, welche Beschreibungen Sie am logischsten finden oder fügen Sie Ihre eigene Antwort hinzu.

a. Was passiert hier?
   1. Ein Polizist will einen Spion und seine Partnerin festnehmen.
   2. Ein Verbrecher überfällt ein Restaurant, aber eine Mitarbeiterin ruft die Polizei.
   3. Zwei Brüder streiten sich und die Schwester hat Angst.
   4. Ein Mann verlangt Informationen über eine gestohlene Aktentasche mit viel Geld.
   5. …

b. Wo findet die Szene statt?
   1. im Museum
   2. auf der Bank
   3. in einem Imbissrestaurant
   4. zu Hause
   5. …

c. Was für ein Film könnte das sein?
   1. eine Komödie
   2. ein Krimi
   3. ein Musical
   4. ein Liebesfilm
   5. …

Nach dem Ansehen

1. **Steckbriefe (1:25–Ende): Personen identifizieren** Sehen Sie sich den Film von 1:25 –Ende an. Wer ist wer und was wissen Sie über diese Personen? Diskutieren Sie die folgenden Informationen.

Bild 1

Name: _____

Beruf: _____

Beschreibung (Aussehen, Merkmale, Herkunft, Persönlichkeit):

_____

Aktivität im Bild: _____

Beziehung zu einer anderen Person in den vier Bildern. Wählen Sie ein Bild:

_____

Bild 2

Name: _____

Beruf: _____

Beschreibung:

_____

Aktivität im Bild: _____

Beziehung zu einer anderen Person in den vier Bildern. Wählen Sie ein Bild:

_____

Bild 3

Name: _____

Beruf: _____

Beschreibung:

_____

Aktivität im Bild: _____

Beziehung zu einer anderen Person in den vier Bildern. Wählen Sie ein Bild:

_____

Bild 4

Name: _____

Beruf: _____

Beschreibung:

_____

Aktivität im Bild: _____

Beziehung zu einer anderen Person in den vier Bildern. Wählen Sie ein Bild:

_____

2. **Richtig oder falsch?** Entscheiden Sie, ob die folgenden Aussagen richtig oder falsch sind. Korrigieren Sie die falschen Aussagen.

Aussage	Richtig	Falsch	Korrektur
a. Ein Polizist geht ins Café.			
b. Zu seiner Mahlzeit Nr. 17 bestellt er einen grünen Salat.			
c. Er soll für seinen Partner Chicken Curry mitbringen.			
d. Er bekommt ein Sommerangebot.			
e. Die Leute im Laden sind verärgert, weil sie in der Schlange stehen und lange warten müssen.			
f. Der Verkäufer spricht langsam und klar.			
g. Ein Verbrecher kommt herein und kidnappt eine Person.			
f. Sascha und Manfred können den Verbrecher verhaften, weil sie eine brilliante Strategie haben.			

3. Gespräch im Auto

a. Sprechblasen: Was denken Sascha und Manfred hier? Was glauben Sie? Schreiben Sie mögliche Gedanken in die Sprechblasen!

b. Dialog rekonstruieren (5:43–6:19): Sehen Sie sich jetzt das Gespräch noch einmal an und rekonstruieren Sie es. Was kommt zuerst? Bringen Sie die Sätze in die richtige Reihenfolge. Spielen Sie ihn dann mit Ihrer Partnerin/Ihrem Partner.

a. _____ Aber das ist ja gar nicht schlecht.

b. _____ Aber es ist eben halt kein Chicken Curry.

c. _____ Aber ich hab' doch Chicken Curry bestellt.

d. _____ Aber es ist Fisch!

e. _____ Das ist mir jetzt aber peinlich, Manfred.

f. _____ Ich habe mich den ganzen Vormittag ein bisschen darauf gefreut. Du hast mir gleich alles verdorben.

g. _____ Sag mal, das ist aber kein Chicken Curry.

h. _____ Das ist auch gut so.

i. _____ Du gehst jetzt bitte nochmal rein und tauschst das um.

4. Klassengespräch (6:20–Ende)

Sehen Sie sich das Ende des Filmes noch einmal an und beantworten Sie die folgenden Fragen.

a. Warum geht Sascha zurück ins Restaurant?

b. Wie reagiert der Räuber?

c. Was versuchen die Leute im Restaurant, Sascha mitzuteilen? (siehe Bild rechts)

d. Wie reagiert Sascha auf sie? Warum?

e. Mit wem spricht Sascha am Telefon? Worüber?

f. Was passiert, als der Täter das Restaurant verlassen will?

g. Worüber spricht Sascha im Polizeiauto mit dem Täter?

h. Wie finden Sie das Verhalten von Sascha, Manfred, und dem Täter? (sensibel, empfindlich, naiv, lustig, frech, gefährlich, einfühlsam, kalkulierend, unpassend, heldenhaft, harmlos, egoistisch, selbstsicher, gewalttätig, verrückt, originell, komisch, irritierend, arrogant, launisch, tatkräftig, kompetent, ...)

5. **Dialog: Herr Reinicke und der Polizeichef (0:00–1:25)** Sehen Sie sich jetzt den Anfang des Videos an (0:00–1:25) und füllen Sie den Lückentext ein. Beantworten Sie dann die Fragen dazu. Diese Vokabeln und Ausdrücke sollen Ihnen beim Verständnis des Clips helfen.

Vokabeln und Ausdrücke

	Deutsch	Englisch
Der Apfel fällt nicht weit vom Stamm.		*He is a chip off the old block.*
beschädigt	zum Teil kaputt	
die Dienstwaffe, -n		*service weapon*
das Einsatzfahrzeug, -e	ein Auto, das die Polizei im Beruf braucht	
die Festnahme, -n		*arrest*
die Umstrukturierungsmaßnahme, -n		*restructuring measure*
die Verbrechensbekämpfung, -en	der Kampf gegen die Kriminalität	

Setzen Sie die folgenden Vokabeln an die richtige Stelle:

> Zwischenfragen Festnahme normal ändert durchzuführen Dienstwaffe
> Problem nachsehen entwickeln schlechteste Polizist fällt beschädigte echte

HERR SCHNEIDER: Verbrechensbekämpfung, Herr Reinicke, hat in gewisser Weise auch mit Geschick zu tun. Eine verhinderte _____ auf Grund unvorteilhaft gestellter _____, zwei stark _____ Einsatzfahrzeuge auf Grund des unsachgemäßen Gebrauchs der _____, mehrere Personen- und Sachbeschädigungen, und und und ... verursacht durch, lassen Sie mich _____. Ach, Sascha Reinicke, Ihren Sohn.

HERR REINICKE: Das ist doch janz _____ in dem Alter. Der Junge muss sich doch erst noch _____. Er hat doch gerade erst mal seine Pubertät hinter sich gebracht.

HERR SCHNEIDER: Der Junge ist 28 Jahre, Herr Reinicke, und mit Abstand der _____ _____ Ihres ganzen Reviers. Und wenn sich daran nicht sehr schnell etwas _____, sehe ich mich leider gezwungen, gewisse Umstrukturierungsmaßnahmen _____.

HERR REINICKE: Also Herr Schneider, der Junge, des ist ne _____ Reinicke. Da könne se sich janz fest drauf verlassen. Der Apfel _____ doch net weit vom Stamm.

HERR SCHNEIDER: Und genau das ist mein _____, Herr Reinicke.

6. **Fragen** Sehen Sie sich jetzt den Anfang des Videos noch einmal an (0:00–1:25) und beantworten Sie folgende Fragen.
   a. Was ist Herrn Schneiders Problem mit Sascha Reinicke?
   b. Welche Bedeutung hat das Sprichwort „Der Apfel fällt nicht weit vom Stamm" in der Geschichte?
   c. Was unterscheidet die Sprache von Herrn Schneider und Herrn Reinicke? Unterstreichen Sie die relevanten Wörter in Übung 5.
   d. Versuchen Sie in einer Kleingruppe, den Dialog in Übung 5 ins Englische zu übersetzen.
   e. Ist diese Szene wichtig für das Verständnis des Videos? Warum (nicht)?

7. **Reflexion**
   a. Was würden Sie machen, wenn Sie in einem Laden wären und ein Verbrecher mit einer Waffe hereinkäme?
   b. Finden Sie den Titel „Familienrevier" passend für den Film? Warum (nicht)? Welchen Titel würden Sie dem Film geben?
   c. Ist Sascha Reineke ein guter Polizist? Erklären Sie!
   d. Welche Tips würden Sie Sascha geben?
   e. Wie wird die Polizei in diesem Film dargestellt?
   f. Was finden Sie in diesem Film lustig? Warum?

8. **Kulturvergleich** Im Deutschen wird die Polizei oft „unser Freund und Helfer" genannt. Welche Unterschiede gibt es in der Darstellung der Polizei in Deutschland und in den USA?

Teleportation (2009)

von Markus Dietrich

Marcela Barsse/iStockphoto.com

TELEPORTATION
(2009)
von Markus
Dietrich

Marcela Barsse/iStockphoto.com

Level: Intermediate High / Advanced

Goals: Historical events leading up to and surrounding the fall of the Berlin wall; children's perspective and fantasy; science fiction; East-Germany and West-Germany; use of verbs in different tenses and the subjunctive II; articulation of historical dates

Einstimmung auf das Thema

1. **Hintergrundwissen** Beantworten Sie die Fragen.

   a. Stellen Sie sich vor, Sie sind auf dem Raumschiff Enterprise in Star Trek. Wohin würden Sie sich von Captain Kirk oder Spock beamen lassen, wenn Sie die Wahl hätten?

   b. Möchten Sie eines Tages in einem Raumschiff reisen? Warum (nicht)?

   c. Was würden Sie tun, wenn plötzlich alle Leute in Ihrer Umgebung verschwunden wären?

   d. Welches historische Ereignis war bis jetzt das wichtigste in Ihrem Leben?

   e. Was wissen Sie über die Berliner Mauer? Wann wurde sie gebaut? Warum? Wie lang existierte sie? Wann und warum wurde sie geöffnet?

Vor dem Ansehen

Vokabeln und Ausdrücke[1]

	Deutsch	Englisch
abreißen, reißt ab, riss ab, hat abgerissen	hier: aufhören	
die Berechnung, -en		*calculation*
einen Besen fressen *(idiomatisch)*		*to eat one's hat*
der Direx	kurz für „Direktor" oder „Rektor"	

(continued)

[1]Note that the children in this video use primarily the Berlin dialect. This is evident in "ck" sounds such as "*ick*" (ich) and "j" sounds for "g" such as in "*jibbt*" (gibt) and changes in vowels such as in "*uff*" (auf) and also in specific idiomatic expressions.

ein gutes Wort für jemanden einlegen		*to put in a good word for someone*
erledigt		here: *finished*
der Ernsthof	Name eines Bauernhofs in Ostdeutschland	
das Geheimlabor, -e		*a secret laboratory*
die Grenze, -n	die Linie, wo ein Land aufhört und ein anderes Land beginnt	
Es hat geklappt!	etwas war erfolgreich; ein Plan hat funktioniert	
klemmen		*to be stuck*
die Kosmonautik (Ausdruck aus der DDR)	Wissenschaft der Weltraumfahrt; in Westdeutschland nannte man das Astronautik	
die Leitung, -en		*wire, pipe*
LPG = Landwirtschaftliche Produktionsgenossenschaft	Agrarorganisation von Bauernhöfen in Ostdeutschland, die von der sozialistischen Regierung geleitet wurden; eine gewisse Quote sollte für den Staat produziert werden.	
marode	alt und rostig; in schlechtem Zustand; kann auseinanderfallen	
die Maschinenleistung, -en	die Stärke einer Maschine	
Sie können bleiben, wo der Pfeffer wächst. (*idiomatisch*)		*They can go to hell!*
retten		*to save (a life, for example)*
Reg dich doch nicht gleich so auf!		*Calm down! Take it easy!*
rückwärts		*backwards*
schiefgehen, geht schief, ging schief, ist schiefgegangen; es ist schiefgegangen	Etwas war nicht erfolgreich; etwas ist nicht nach Plan verlaufen.	
der Strom	Elektrizität	
aus Versehen	nicht geplant; unabsichtlich	
einen an der Waffel haben (*Ausdruck aus der DDR*)	verrückt sein; nicht alle Tassen im Schrank haben; eine Schraube locker haben	
der Wahnsinn	*hier:* etwas Unglaubliches, Verrücktes	
die Zündung, -en		*ignition*

1. **Wortschatzübung** Lernen Sie die Vokabeln in der Liste und entscheiden Sie, zu welchem Thema die drei Ausdrücke in jeder Reihe passen.

| Kosmonautik | Elektrizität | DDR | verrückt sein | schlechter Zustand | Erfolg |

			Thema
die LPG	die Grenze	die Mauer	
die Raumfahrt	das Geheimlabor	beamen	
der Wahnsinn	einen an der Waffel haben	nicht alle Tassen im Schrank haben	
die Maschine	die Zündung	der Strom	
klemmen	marode	rostig	
klappen	gutgehen	funktionieren	

2. **Bildinterpretation** Sehen Sie sich die Bilder an und beantworten Sie die folgenden Fragen.

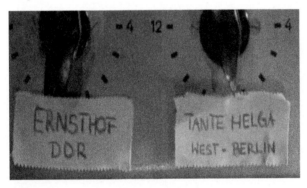

Bild 1
a) Welche Namen und Ortsangaben sehen Sie auf den Zetteln? Warum?
b) Was ist der Sinn dieser Maschine?

Bild 2
a) Wie viele Personen sehen Sie?
b) Wer sind sie?
c) Wie sehen sie aus?
d) Wo sind sie?
e) Was machen sie da?
f) Wie fühlen sich die Kinder?

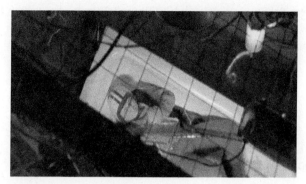

Bild 3

a) Wer ist der Junge?
b) Was trägt er?
c) Wo liegt er?
d) Warum? Erklären Sie den Kontext der Situation.
e) Was passiert hier?

Bild 4

a) Was hält das Mädchen in der Hand? Warum?
b) Warum umarmen sich die Leute?
c) Was für ein Auto sehen Sie?

Nach dem Ansehen

1. **Erstes Ansehen ohne Ton** Sehen Sie sich den Film ohne Ton an und unterstreichen Sie den passenden Satzteil.

   a. Die drei Kinder Frederike (Rike), Fabian (Fabi), und Jonathan befinden sich...
      auf dem Land auf dem Ernsthof in der DDR.   in der Stadt West-Berlin.

   b. Sie experimentieren...
      mit Pflanzen.   mit Maschinen.

   c. Als sie am Morgen in die Schule kommen, sind alle Menschen...
      glücklich.   weg.

   d. Im Fernsehen sehen die Kinder viele Menschen...
      im Park   in Berlin auf der Berliner Mauer.

   e. Am Abend kommen viele Leute mit ihren Autos zurück und...
      streiten.   umarmen sich.

2. Zweites Ansehen mit Ton Sehen Sie sich jetzt den Film mit Ton an, aber achten Sie auch auf die genauen Orts- und Zeitangaben. Beschreiben Sie dann die folgenden Bilder und ordnen Sie ihnen die richtigen Zeiten unten zu. Wann passiert was?

Orts- und Zeitangaben

a. 9. November, 1989, 19.36 Uhr, Geheimlabor für Kosmonautik – DDR

b. 10. November 1989, 8.03 Uhr, Berlin – LPG Ernsthof

c. 10. November 1989, 8.20 Uhr, Grundschule „Juri Gagarin"

d. 10. November 1989, 12.36 Uhr, Geheimlabor für Kosmonautik

e. 10. November 1989, 20.38 Uhr, Dorfstraße Ernsthof

Bild 1
Zeit: _____
Beschreibung: _____
_____

Bild 2
Zeit: _____
Beschreibung: _____
_____

Bild 3
Zeit: _____
Beschreibung: _____
_____

Bild 4
Zeit: _____
Beschreibung: _____
_____

Bild 5
Zeit: _____
Beschreibung: _____
_____

3. **Richtig oder falsch?** Entscheiden Sie, ob die Aussagen richtig oder falsch sind. Wenn sie falsch sind, korrigieren Sie bitte die Aussagen.

Aussage	Richtig	Falsch	Korrektur
a) Rike, Fabi, und Jonathan versuchen, sich nach West-Berlin zu beamen.			
b) Rike und Fabi haben Jonathan weggebeamt.			
c) In der Schule suchen die Kinder ihre Rucksäcke.			
d) Die Kinder denken, dass sie aus Versehen die Menschen im Dorf weggebeamt haben.			
e) Fabi sieht seinen Papa im Fernsehen auf der Mauer und möchte ihn retten.			
f) Jonathan möchte seinen Eltern auch helfen.			
g) Sie wollen das Experiment wiederholen und rückwärts machen, um die Leute zurückzubringen.			
h) Im Radio hören sie, dass die Mauer gefallen ist.			
i) Dann glauben sie, dass sie die Mauer weggebeamt haben.			
j) Die Menschen sind sehr glücklich und weinen und umarmen sich.			

4. **Klassengespräch** Sehen Sie sich die Szene, die in der Schule spielt, noch einmal an [2:52–5:09] und beantworten Sie die Fragen.
   a. Wie heißt die Schule? Inwiefern ist das für den Kontext der Geschichte wichtig?
   b. Warum kommen die Kinder so spät in die Schule?
   c. Was bemerken die Kinder, als sie in die Schule kommen?
   d. Wie sehen die Klassenzimmer aus? Beschreiben Sie sie! Was hängt an den Wänden? Was steht im Zimmer? Könnte das auch eine amerikanische Schule sein? Erklären Sie!
   e. Was versucht Rike?

5. **Grammatik: Verben und die Berliner Mauer** Sehen Sie sich die Reportage über den Fall der Mauer [8:48–9:20] noch einmal an und setzen Sie die richtigen Formen der folgenden Verben ein.

abreißen   fallen   gleichen   kommen   liegen   sein   singen   tanzen

Die Mauer ist _____. Die Grenze zwischen der Deutschen Demokratischen Republik und der Bundesrepublik Deutschland _____ offen. Die Szenen _____ hier einem Volksfest. Es wird _____ und _____. Die Flut der Menschenmassen _____ nicht _____. Und immer wieder die gleichen Bilder. Die Menschen _____ sich in den Armen. Auch viele Westberliner sind hier an die Grenze _____. Die Mauer ist _____. Die Grenze zwischen der Deutschen Demokratischen Republik und der Bundesrepublik Deutschland _____ offen.

6. **Reflexion**

    a. Haben die Aktionen der Kinder wirklich etwas mit dem Fall der Mauer zu tun? Warum? Warum nicht?

    b. Warum hat der Regisseur die Perspektive der Kinder gewählt? Was glauben Sie?

    c. Welche Aspekte in diesem Film finden Sie typisch für das Leben in der DDR? Erklären Sie die Elemente im Kontext!

    d. Auch in den USA sind viele Menschen von der Raumfahrt fasziniert und verfolgen gespannt die Erfahrungen der Astronauten in einem Shuttle wie dem Challenger. Vergleichen Sie die Geschichte der Raumfahrt in der DDR, in der Sowjetunion und in den USA. Wer war Juri Gagarin, nach dem die Schule der Kinder benannt ist? Welche amerikanischen Astronauten kennen Sie? Welche ostdeutschen Astronauten? Welche Rolle spielt die Kosmonautik in diesen Ländern?

Bus (2007)

von Jens Schillmöller und Lale Nalpantoglu

Marcela Barsse/iStockphoto.com

BUS (2007)
von Jens
Schillmöller und
Lale Nalpantoglu

Marcela Barsse/iStockphoto.com

Level: Advanced Novice

Goals: Work and professions; effective use of modal verbs

Einstimmung auf das Thema

1. **Berufe** Beantworten Sie die Fragen.
   a. Was für Berufe gibt es?
   b. Was ist Ihr Vater / Ihre Mutter von Beruf?
   c. Was möchten Sie von Beruf werden?
   d. Was ist Ihr Traumberuf?

2. **Zuordnungsübung** Ordnen Sie den Berufen Aktivitäten zu.

Beruf	Aktivität
1. der Mechaniker / die Mechanikerin	a. löscht Feuer
2. der Busfahrer / die Busfahrerin	b. arbeitet nicht
3. der Arzt / die Ärztin	c. verhaftet Kriminelle
4. der Gärtner / die Gärtnerin	d. arbeitet im Krankenhaus
5. der Feuerwehrmann	e. unterrichtet
6. die Krankenschwester / der Krankenpfleger	f. fährt einen Bus
7. der Lehrer / die Lehrerin	g. arbeitet im Garten
8. der / die Arbeitslose	h. repariert Autos
9. der Polizist / die Polizistin	i. untersucht Patienten

Vor dem Ansehen

Vokabeln und Ausdrücke

bar zahlen	*pay cash*
das Bremslicht	*brake light*
Finden Sie nicht?	*Don't you think so?*
mitnehmen	here: *to give someone a lift*
Es musste gemacht werden.	*It had to be done.*
rückgängig machen	*to undo something*
Schon wach?	*Are you awake?*
sowieso	*anyway*
Tja!	here: *Tough luck!*
Was soll denn das werden hier?	*What's going on here?*
wieso?	*why?*

1. **Bildinterpretation** Schauen Sie sich die folgenden Bilder an und beantworten sie die Fragen.

Bild 1

a) Wie viele Personen sehen Sie?
b) Was sind sie von Beruf?
c) Was für Kleider tragen sie?
d) Wo stehen sie?
e) Worauf / Auf wen warten sie?

Bild 2

a) Wie viele Personen sehen Sie?
b) Wie alt sind sie?
c) Was für Kleider tragen sie?
d) Wo sitzen sie?
e) Was machen sie gerade?

Bild 3

a) Wie viele Personen sehen Sie?
b) Wo sind sie?
c) Was für Kleider tragen sie?
d) Was will die Frau? Was sagt sie?
e) Wie reagieren die zwei Männer darauf?

Bild 4

a) Wie viele Personen sehen Sie?
b) Was sind sie von Beruf?
c) Was für Kleider trägt der Mann rechts im Bild?
d) Was machen sie gerade?
e) Was sagen sie zueinander? Erfinden Sie ein kurzes Gespräch.

Nach dem Ansehen

1. **Filmausschnitt – Teil 1 (00:00–03:19)** Sehen Sie sich den ersten Teil des Films an und beantworten Sie folgende Fragen:
   a. Was sind die fünf Männer und die Frau von Beruf?
   b. Was machen sie für die Frau auf der Autobahn?
   c. Wie reagiert sie?
   d. Was machen sie an der Raststätte (*rest stop*)?
   e. Was macht der Mann mit dem Anzug?
   f. Was machen sie für das alte Paar?
   g. Wie reagiert das Paar?
   h. Was für ein Auto fahren die Leute?

2. **Filmausschnitt – Teil 2 (03:20–06:12)** Sehen Sie sich den zweiten Teil des Films an. Lesen Sie dann die folgenden Aussagen und entscheiden Sie, ob sie richtig oder falsch sind. Korrigieren Sie die falschen Aussagen.

Aussage	Richtig	Falsch	Korrektur
a) Die Frau will trampen.			
b) Sie fährt mit dem Bus mit.			
c) Die Leute schlafen in Hütten am Strand.			
d) Die Frau schläft im Minibus.			
e) Der nette Mann schläft auf dem Bus.			
f) Die Frau macht Frühstück für alle.			
g) Der Koffer mit dem Geld ist verschwunden.			

3. **Filmausschnitt – Teil 3 (06:13–07:50)** Sehen Sie sich den dritten Teil des Films an und beantworten Sie folgende Fragen:

   a. Wohin gehen die fünf Männer und die Frau als Nächstes?
   b. Wie sieht der Mann aus und was macht er?
   c. Was machen die Leute für ihn?
   d. Wie reagiert er darauf?
   e. Bezahlt der Mann mit dem Hut?
   f. Wie reagiert der andere Mann?

4. **Hypothesen erstellen** Was meinen Sie, wie endet der Film? Was werden die Leute machen? Hören sie auf oder machen sie weiter?

5. **Filmausschnitt – Teil 4 (07:50–Ende)** Sehen Sie sich den letzten Teil des Films an und beantworten Sie folgende Fragen:

   a. Was machen die Leute am Ende? Geben sie auf?
   b. Wo sind sie?
   c. Wer ist das nächste „Opfer"?
   d. Werden sie Erfolg haben?

6. **Grammatik** Schauen Sie sich jetzt den Film noch einmal an und ergänzen Sie die Modalverben (können, müssen, sollen, wollen.)

MANN:	Ihr Bremslicht ist kaputt.
FRAU IM AUTO:	Ja? ... Wieso machen Sie denn jetzt hier sauber?
MANN:	Zahlen Sie bar?
FRAU IM AUTO:	Eigentlich _____ ich ...
MANN:	_____ doch gemacht werden. Finden Sie nicht?

ANHALTERIN:	_____ ihr mich mitnehmen? ... Schön.
MANN:	Bitte. _____' sowieso im Bus schlafen.
ANHALTERIN:	Im Ernst?
MANN:	Ja klar. Gute Nacht.

GARTENBESITZER:	Was _____ denn das werden hier?
MANN:	Das ist doch ein guter Preis. Wir _____ das auch alles rückgängig machen.
GARTENBESITZER:	Mach doch.
MANN:	Aber es ist doch jetzt viel schöner.
GARTENBESITZER:	Tja.

7. **Filmsalat** Lesen Sie die folgenden Aussagen und ordnen Sie diese chronologisch, wie sie im Film vorkommen.

_____ a. Der Chef ärgert sich sehr und macht alles kaputt.

_____ b. Der Chef schläft im Bus.

_____ c. Der Mann im Schrebergarten zahlt nicht.

_____ d. Die Anhalterin stiehlt das Geld.

_____ e. Ein Mann spielt Gitarre.

_____ f. Sie bereiten ein Picknick für ein altes Paar vor.

_____ g. Sie fahren auf der Autobahn.

_____ h. Sie helfen im Schrebergarten.

_____ i. Sie machen das Auto sauber.

_____ j. Sie nehmen eine Anhalterin mit.

_____ k. Sie reparieren Bremslichter.

_____ l. Sie sammeln Laub.

_____ m. Sie säubern Toiletten.

_____ n. Sie stehen an einer Autobahnraststätte.

_____ o. Sie stellen Rechnungen dafür.

_____ p. Die Anhalterin schläft im Zelt.

_____ q. Sie zählen das Geld im Auto.

8. **Klassengespräch** Lesen Sie die folgenden zwei Sätze über den Film und beantworten Sie die Fragen dazu:

„In einem Bus wohnt und lebt eine Arbeits-Guerilla, die sich Arbeit einfach nimmt und Löhne erzwingt. Eine charmante Anhalterin bringt das System jedoch durcheinander."

Quelle: http://www.machdochwasduwillst.org/index.php?id=428

a. Was ist eine Arbeits-Guerilla?

b. Was macht sie (die Arbeits-Guerilla), um sich Arbeit zu beschaffen?

c. Von wem bekommt sie Geld?

d. Was macht die charmante Anhalterin?

9. **Reflexion**

a. Wie finden Sie den Film?

b. Warum heißt der Film „Bus"?

c. Wie finden Sie den Titel? Was für einen anderen Titel würden Sie wählen?

d. Würden Sie so etwas machen, wenn sie arbeitslos wären?

e. Welche der fünf Ideen im Film gefällt Ihnen am besten? Warum?

f. Erfinden Sie ein neues Ende für den Film.